RECHERCHES

*Sur le meilleur système de Musique harmonique,
& sur son meilleur tempérament.*

Par M. ESTÉVE, de la Société Royale des Sciences
de Montpellier.

APRÈS avoir donné* le principe méchanique qui dis-
tingue les bons d'avec les mauvais accords, & qui est
le fondement de toute l'harmonie, il faut en détailler les
applications, & en faire voir toute l'étendue. Cet ouvrage
est de longue haleine, il renferme presque tout l'art mu-
sical : les règles de l'emploi des accords, l'usage des dissonances, les combinaisons savantes & agréables des sons, &c.
tout doit être produit par le principe primitif.

    Par tâtonnement, ou par un heureux hasard, on s'est ins-
truit des loix que les accords peuvent observer dans leurs
successions. Les seuls essais ont découvert & fait des règles
constantes de certains moyens de passer des consonnances
aux dissonances, & de revenir de celles-ci aux premières ;
mais pour atteindre jusqu'à une théorie exacte, il falloit avoir
développé le principe du sentiment auditif, & c'est ce que
nous avons fait ; maintenant il s'agit de ramener à ce principe, & à un même point de vûe, tous les préceptes d'harmonie ; il faut, s'il est possible, que le méchanisme des
sensations auditives décide des degrés de suavité de toute
combinaison sonore.

    Dans la nouvelle découverte du principe de l'harmonie,
on trouvera l'action méchanique des impressions des sons ; ici,
nous en commencerons les applications par la recherche du
meilleur système de musique harmonique, qui sera le sujet de
la première section ; la seconde, contiendra la théorie du
meilleur tempérament de ce meilleur système.

Sav. étrang. Tome II.   P

** Nouvelle dé-
couverte du prin-
cipe de l'harmon.
Paris, 1752.*

SECTION PREMIÈRE.

Du meilleur système de musique harmonique.

On appelle *système* ou *gamme* une suite de sons que les voix & les instrumens parcourent aussi irrégulièrement qu'il est nécessaire pour l'exécution musicale : c'est dans cette suite que chaque partie chantante choisit les sons qui conviennent au sentiment qu'elle veut exprimer ; ainsi cette suite est le fondement de toute harmonie, & sa recherche doit commencer les applications du principe du sentiment auditif.

La gamme qui est aujourd'hui en usage, a des divisions fort inégales : c'est d'abord un ton majeur d'*ut* à *ré*, un mineur de *ré* à *mi*, un demi-ton majeur de *mi* à *fa*, un ton majeur de *fa* à *sol*, un ton mineur de *sol* à *la*, un ton majeur de *la* à *si*, enfin un demi-ton majeur de *si* à *ut*. Les termes qui composent cette gamme paroissent singulièrement arrangés : ils ne sont point à distances égales. Est-ce nécessité de suivre cette division bizarre ? est-ce caprice ? Pourquoi tous les tons ne sont-ils pas égaux ? Voilà ce qu'il est important de connoître & ce que nous espérons décider.

Nous démontrerons en premier lieu, que les inégalités des sons sont nécessaires dans toute gamme harmonique, il faudra chercher ensuite si dans la meilleure de ces gammes il doit y avoir nécessairement trois tons majeurs, deux tons mineurs & deux demi-tons majeurs ; si une gamme ne peut pas contenir un plus grand nombre de tons ; si ceux qui sont dans la gamme moderne sont les plus parfaits, quant à l'harmonie ; enfin, s'ils sont dans le meilleur arrangement.

La musique de nos jours est toute harmonique, on y veut un accompagnement, ou que tout au moins elle soit susceptible de le recevoir. Je ne considérerai ici la gamme que par rapport à cet accompagnement qu'elle doit fournir : décider si celle qui sera la plus harmonique donne la mélodie la plus parfaite, c'est une question que je renvoie à un

Ouvrage que je pourrai publier bien-tôt, sur la musique des Anciens.

Je pourrois ici, à l'exemple du savant Euler *, supposer le nombre infini de gammes formées, & examinant chacune de ces gammes en particulier, prétendre retenir la plus parfaite en harmonie; mais cette méthode est trop longue & trop indirecte, il faudroit des siècles entiers pour pouvoir dire : *Cette gamme, à laquelle je donne la préférence, a été comparée à toutes les autres, qui sont en nombre infini, & elle s'est trouvée la plus parfaite.* N'étoit-il pas plus à propos de rechercher le principe de perfection de l'harmonie, d'en construire la seule gamme la plus parfaite, & de ne point s'arrêter aux considérations inutiles qu'on pourroit faire sur celles qui ne sauroient être d'usage?

Chaque partie chantante ne peut connoître qu'un nombre fini de sons; car l'oreille, étant un organe matériel, ne peut être ébranlée par de trop foibles mouvemens, ni être attentive à une trop grande vivacité, ni enfin distinguer de trop petites différences. Ainsi un système de musique doit être non seulement composé de peu de termes qui aient par-là des différences bien marquées, mais encore ces termes doivent être dans le meilleur ordre harmonique. Chaque partie apprendra cette suite de termes, s'y conformera, y choisira les sons qui lui seront nécessaires; & comme toutes les parties se modèleront sur une même suite, elles sauront toûjours dans quel rapport elles seront entr'elles.

Puisque le système cherché doit être le plus harmonique des possibles, & que toutes les parties chantent la même gamme, il faut que les distances entre les tons qui composent cette gamme soient exactement les intervalles qui doivent se trouver dans la meilleure harmonie, & le système qui contiendra ces différences ou intervalles les plus parfaits, sera le meilleur des systèmes.

Les intervalles d'harmonie les plus agréables sont les consonnances parfaites ; viennent ensuite les consonnances

* *Tentamen Musicæ.*

imparfaites, & enfin les diſſonances : ainſi la gamme ou le
ſyſtème le plus parfait ſera celui qui contiendra le plus grand
nombre d'intervalles conſonnans, & le plus petit nombre
de diſſonans ; ce ſera celui où la ſomme des perfections
des différens accords ſera la plus grande. Ces degrés de
perfection ont été déterminés par nos tables des harmo-
niques des conſonnances & des diſſonances (*Voyez pages
37 & 42 de la nouvelle découverte*). Il a été démontré
(*page 23*) que dans la pratique l'octave doit être priſe pour
une répétition du fondamental ; or l'octave eſt déterminée par
un ſon double : ainſi tous les ſons qui ſe trouveroient hors
le fondamental & l'octave ne ſeroient que des répétitions de
ceux qui ſeroient placés entre ces deux termes. Pour avoir le
meilleur ſyſtème, il faut donc déterminer entre deux ſons,
dont l'un eſt double de l'autre, quelques termes moyens,
qui, dans leurs comparaiſons, donnent le plus grand nombre d'intervalles conſonnans.

Puiſque l'octave n'eſt que la répétition du fondamental,
la première, c'eſt-à-dire, la plus parfaite des conſonnances,
eſt la quinte ; c'eſt l'intervalle de deux ſons, dont l'un fait
trois vibrations dans le même temps que l'autre en fait deux.
Plaçons d'abord dans la gamme cet intervalle de quinte : ſuppoſons que le fondamental faſſe deux vibrations ; le ſon qui
formera l'intervalle de quinte avec ce fondamental, fera dans
un même temps trois vibrations ; mais pendant que le fondamental fait deux vibrations, ſon octave en fait quatre ;
ainſi l'octave du fondamental ſera quatre vibrations dans le
même intervalle de temps que le ſon qui fait la quinte du
fondamental, en achève trois ; ainſi ce ſon, qui forme la
quinte, eſt placé entre le fondamental & l'octave ; ainſi de
cette même quinte à cette même octave il y a le rapport
de 3 à 4 : ce rapport exprime la quarte, ou, ſuivant l'ordre
des perfections, il exprime la ſeconde conſonnance. Ce premier terme moyen donne de part & d'autre des intervalles
conſonnans ; il eſt donc exactement placé.

Si ſur l'intervalle de quinte on en plaçoit un ſemblable,

on fortiroit de l'octave. Cette étendue feroit inutile : car, comme nous l'avons vû ci-deffus, il ne faut trouver que des termes moyens compris entre deux fons; dont l'un eft double de l'autre : laiffons donc la première confonnance, & plaçons dans le fyftème la feconde, c'eft-à-dire, l'intervalle de quarte. Le fon qui forme cet intervalle fait quatre vibrations dans le même temps que le fondamental en fait trois; mais tandis que le fondamental fait trois vibrations, fon octave en fait fix : ainfi le fon qui forme avec le fondamental l'intervalle de quarte, eft plus près de ce même fondamental que celui qui forme l'intervalle de quinte; & il y a depuis cet accord de quarte jufqu'à l'octave, le rapport de 4 à 6, c'eft-à-dire, 2 à 3, ou plûtôt il y a l'intervalle de quinte. Plaçant la quinte fur le fondamental, on a divifé l'octave en quinte & quarte; & plaçant la quarte fur le fondamental, on l'a divifée en quarte & quinte : ces deux fons donnent dans tous les rapports des confonnances parfaites, ce font des points de divifion qui doivent fe trouver dans le meilleur fyftème de mufique harmonique.

Au lieu de placer la quarte fur le fondamental, on auroit pû placer la quinte fous l'octave, & on auroit trouvé le même point de divifion : s'il falloit opter exclufivement pour l'une ou l'autre de ces générations, je crois qu'on pourroit trouver des raifons de préférence pour cette dernière.

Les deux termes moyens déjà placés, le font exactement; ainfi leur diftance, c'eft-à-dire, l'intervalle qu'ils forment, doit fe trouver dans le meilleur fyftème de mufique harmonique, refte à le mefurer. Le fon qui forme l'intervalle de quinte, fait trois vibrations pendant que fon fondamental en fait deux, ou, ce qui eft la même chofe, le premier de ces fons fait neuf vibrations pendant que le fecond en fait fix. Le fon qui forme l'intervalle de quarte, fait quatre vibrations dans le même temps que le fondamental en fait trois, ou, ce qui revient au même, il y a huit vibrations du premier fon fur fix du fecond : ainfi, dans l'intervalle de temps que le fondamental fait fix vibrations, l'un de ces fons en fait neuf, & l'autre huit; & le rapport de ces deux termes moyens eft celui de 9 à 8, c'eft-à-dire que dans le même temps que le fon qui forme avec le fondamental l'intervalle de quinte, achève neuf vibrations, celui qui fait avec ce même fondamental l'intervalle de quarte, en achève exactement huit; ce qui peut encore s'exprimer en difant que fur huit vibrations du plus grave il fe fait neuf vibrations du plus aigu. Cet intervalle eft appelé *ton majeur*, dont j'avois déjà parlé fans en affigner la proportion: en général on peut définir le ton majeur, la diftance de la quarte à la quinte.

Pour fe mieux fixer les divifions déjà trouvées, fuppofons qu'on en effaie l'intonation: après avoir donné le fondamental, que nous appellerons *ut,* on s'elevera d'une quarte, c'eft-à-dire qu'on chantera *fa;* on s'elevera enfuite d'un ton majeur pour donner le *fol,* & enfin on s'elevera d'une quarte pour donner l'*UT* octave du fondamental.

Les confonnances de quinte & de quarte ont été placées dans le fyftème tout autant qu'il le falloit, faifons y entrer maintenant les confonnances qui fuivent dans l'ordre de perfection. Après le rapport 3 à 4, fe trouve le rapport 4 à 5, c'eft l'intervalle qu'on appelle de *tierce majeure.* Qu'on fe repréfente un fon placé au deffus du fondamental, qui faffe cinq vibrations tandis que le fondamental en fait quatre; ce fon nous l'appellerons *mi,* de ce *mi* au fon qui forme la quinte du fondamental, il y a un intervalle exprimé par le rapport 5 à 6; c'eft-à-dire que *mi* fera cinq vibrations pendant que *fol* en fera fix: ce rapport eft celui qui exprime la tierce mineure; accord qui, dans l'ordre de perfection des confonnances à placer, fuit exactement la tierce majeure: ainfi voilà la quinte divifée par la tierce majeure & mineure.

Subdivifant la quarte par l'intervalle de tierce majeure, ou plûtôt mefurant l'intervalle depuis la première tierce majeure, placée fur le fondamental, jufqu'à la quarte, on trouvera le rapport 15 à 16, appelé *demi-ton majeur,* c'eft la diſtance de *mi* à *fa;* que ſi on diviſoit la quarte par la tierce mineure, on trouveroit le ton majeur donné par la différence de la quarte à la quinte.

Plaçant donc au deſſous du *fa* la tierce mineure, on aura le *ré*, éloigné d'un ton mineur de *ut* fondamental : plaçant cette même tierce mineure au deſſous de *ut* octave, on aura *la*, éloigné d'un ton mineur de *ſol;* enfin plaçant ſur le *ſol* la tierce majeure, on aura *ſi*, éloigné d'un demi-ton majeur de *ut* octave du fondamental. Voilà le ſyſtème diatonique des modernes avec toutes ſes irrégularités.

Syſtème diatonique des modernes.

	Le rapport des vibrations
De *ut* à *ré*, un ton majeur.	8 : 9
de *ré* à *mi*, un ton mineur.	9 : 10
de *mi* à *fa*, un demi-ton majeur.	15 : 16
de *fa* à *ſol*, un ton majeur.	8 : 9
de *ſol* à *la*, un ton mineur	9 : 10
de *la* à *ſi*, un ton majeur	8 : 9
de *ſi* à *ut*, un demi-ton majeur.	15 : 16

La génération précédente a donné un ton mineur de *ut* à *ré*, & un ton majeur de *ré* à *mi*, & cependant il a été mis dans la gamme le ton majeur de *ut* à *ré*, & le ton mineur de *ré* à *mi :* c'eſt que ces ſituations ſont entièrement indifférentes, & que l'uſage me paroît s'être décidé pour cette dernière.

Le principe de génération eſt ſi fécond, qu'il fournit cette double ſituation du premier ton majeur & du premier ton mineur. Qu'on ſe rappelle que la différence des intervalles les plus parfaits, c'eſt-à-dire, de la quarte & de la quinte, a déterminé le ton majeur, que ce ton majeur ſe doit trouver dans le meilleur ſyſtème, & qu'on peut employer cette petite meſure pour les dernières diviſions; de plus, la tierce majeure moins la tierce mineure, laiſſe le *ton mineur* exprimé par le rapport 9 à 10; la tierce majeure moins le ton majeur, laiſſe le ſemi-ton majeur.

On a toûjours placé les accords les plus parfaits fur le fondamental, ainfi on peut y fuppofer le ton majeur, qui, pour atteindre jufqu'à la tierce majeure, donnera le ton mineur : voilà cette feconde fituation que peuvent avoir le premier ton majeur & le premier ton mineur. Ce feroit ici une queftion d'un trop grand détail, que de vouloir rechercher lequel des deux emplois du premier ton majeur & du premier ton mineur, doit avoir la préférence : il ne fuffiroit pas de la chercher dans les intervalles altérés qui fe trouvent néceffairement dans le fyftème diatonique ; car quelle que foit la fituation qu'on donne au premier ton majeur & au premier ton mineur, le nombre d'intervalles altérés eft le même.

L'harmonie eft toûjours rapportée par fentiment à la bafe, qui de là a pris fon nom, & c'eft pour cette raifon que pour placer exactement les bons accords, ils ont été rapportés au fon le plus grave, c'eft-à-dire, au fondamental : tout a été d'abord modelé fur ce fondamental ; s'élevant de ce fondamental à tous les points de divifion du fyftème, on trouvera tous les accords juftes : de plus, la quinte, qui fe divifoit en tierce mineure & tierce majeure, a dans le fyf-tème fa plus grande partie la première. Le ton majeur a été placé fur *ut,* malgré que pour la facilité de l'intonation, il eût fallu le placer fur *ré.*

Un fyftème harmonique doit fournir des accords, ainfi tous fes termes doivent s'y rapporter ; ce ne font point des divifions égales, ni des propriétés numériques qu'il faut chercher, c'eft l'harmonie. Voilà l'irrégularité de la divi-fion de la gamme juftifiée, avec cette circonftance, que l'inégalité des divifions doit donner des termes, qui dans leurs différentes comparaifons produifent le plus grand nom-bre de confonnances & le plus petit nombre de diffonances poffibles.

Il faut une petite mefure pour divifer l'octave en plu-fieurs parties : or de la quarte à la quinte il s'eft trouvé un ton majeur exprimé par le rapport de 8 à 9 ; & comme la

quarte

quarte & la quinte font les feules confonnances parfaites, & qu'elles doivent fe trouver dans le meilleur fyftème de mufique harmonique, le ton majeur doit s'y trouver auffi; d'où il faut conclurre qu'il n'eft aucun rapport qui puiffe repréfenter avec avantage le ton majeur, fi ce n'eft le ton majeur lui-même. Tout autre rapport qu'on pourroit être tenté de fubftituer à celui de 8 à 9, quoique paroiffant plus parfait, ne le feroit point: ce rapport différent changeroit la diftance de la quarte à la quinte, dérangeroit l'un ou l'autre de ces intervalles, peut-être même tous les deux; il porteroit contre les confonnances parfaites, & par-là il doit être rejeté: ainfi le rapport de 8 à 9 doit être reconnu pour le plus parfait du nombre infini de ceux qui pourroient exprimer le ton majeur.

Le ton majeur étant effentiellement déterminé, il n'y aura de tierces majeures exactes qu'en admettant le ton mineur dans le rapport de 9 à 10: or les tierces étant des confonnances, doivent être confervées autant qu'il eft poffible dans leur précifion: ainfi, parmi une infinité de rapports qui pourroient repréfenter le ton mineur, celui de 9 à 10 le fait le plus efficacement: femblablement avec le ton majeur il n'y aura de tierce mineure qu'en admettant le demi-ton majeur dans le rapport de 15 à 16; donc ce rapport eft encore le plus parfait de tous ceux qui pourroient le repréfenter.

Le ton majeur, le ton mineur, & le demi-ton majeur, font maintenant démontrés les plus parfaits des poffibles: ce font les petites mefures qui devoient former le fyftème; & puifqu'elles y ont été employées, on peut dire que fous ce point de vûe, on a conftruit le fyftème le plus parfait. La plus grande perfection d'un fyftème ne demande ni d'autres tons, ni d'autres demi-tons, ni un plus grand nombre de tons, puifque les tons employés font les plus juftes, & qu'il y en a dans la gamme tout autant qu'il peut y en contenir.

Pour achever la démonftration, il faut examiner avec attention fi les tons font dans le meilleur arrangement,

si les demi-tons ne pourroient pas être placés plus avanta-
geusement qu'ils ne le sont, enfin quel est l'ordre le plus
parfait qui doit être dans le système.

L'octave se répétant, ou plûtôt considérant deux octaves
mises bout-à-bout, en sorte que le son le plus aigu de la
première soit le plus grave & le fondamental de la seconde;
de plus, chacune de ces octaves ayant la division du système
diatonique, il est certain que ces deux octaves contiendront
toutes les combinaisons imaginables des tons majeurs, des
tons mineurs, & des demi-tons majeurs; car commençant
par le premier *ut* pour aller jusqu'à son octave, on trouve
deux tons, un demi-ton, trois tons, & enfin un demi-ton:
que si on commence par la note *ré* jusqu'à son octave
RE', on aura un ton, un demi-ton, trois tons, un demi-
ton & un ton : la gamme commencée par la note *mi*, donne
un demi-ton, trois tons, un demi-ton & deux tons, ainsi
successivement ; prenant chacune des notes de l'octave pour
fondamentale ; on aura tout autant de combinaisons & d'ar-
rangemens de tons & demi-tons.

Chacune de ces combinaisons a son caractère particulier,
& est relative à un sentiment : celle de *ut* à *UT* convient
aux chants d'allégresse & de réjouissance; celle de *fa* à *FA*
est propre aux tempêtes & aux furies; celle de *sol* à *SOL*
sert à exprimer les chants tendres & gais, ainsi des autres.

La gamme contient toutes les combinaisons possibles des
tons & demi-tons, chaque combinaison est affectée au sentiment qu'elle développe : voilà donc la fin de la démonstra-
tion, l'arrangement des tons & demi-tons est le plus parfait. Le Musicien peut choisir la combinaison qui appartient
au sentiment qu'il veut exprimer, il falloit même que dans la
meilleure gamme se trouvassent toutes les combinaisons qui
y sont; car aucune combinaison n'est la plus parfaite exclu-
sivement aux autres, & chacune, dans le genre qu'elle exprime, a son plus grand degré de perfection.

On ne verra peut-être pas avec clarté pourquoi je dis que
chaque combinaison dans son genre a son plus grand degré

de perfection ; mais qu'on faffe attention que le fyftème contient les tons & demi-tons les plus parfaits pour l'harmonie, que les fucceffions de ces tons & demi-tons doivent fournir à tous les fentimens qui peuvent être développés. Parmi les combinaifons du fyftème, celle qui développera le plus efficacement un fentiment, fera en même temps la plus parfaite des poffibles par rapport à ce fentiment : voilà fur quoi il faut réfléchir avant que de rien oppofer à ce qui eft démontré.

Refte maintenant à faire quelques confidérations fur ce meilleur fyftème de mufique harmonique. Tous les points de divifion rapportés au fondamental *ut*, font les plus parfaits des poffibles ; il faut maintenant les comparer dans chaque combinaifon à celui qui y fert de fondamental. De *ré* à *mi* il y a un ton mineur : la tierce majeure eft compofée d'un ton & demi-ton majeurs, ainfi de *ré* à *fa* il n'y a pas une tierce majeure jufte, car elle eft trop foible de la différence du ton majeur au ton mineur ; de *ré* à *fol* il y a une quarte jufte ; de *ré* à *la* il y a deux tons mineurs, un ton majeur & un demi-ton majeur : or la quinte eft compofée de deux tons majeurs, d'un ton mineur & d'un demi-ton majeur, & la quinte de *ré* à *la* eft diminuée de la différence du ton majeur au ton mineur.

Tous les intervalles rapportés à *mi* font exacts ; rapportés à *fa*, on trouve de *fa* à *fi* un intervalle fort éloigné & de la quarte & de la quinte : cet intervalle eft appelé *triton*.

Tous les intervalles rapportés à *fol* font exacts ; rapportés à *la*, on trouve de *la* à *RE'* une quarte trop haute de l'excès du ton majeur fur le ton mineur : la quinte de *la* à *mi* eft jufte ; de *fi* à *FA*, on trouve la fauffe quinte, tout le refte eft exact.

La quinte de *ré* à *la*, & la quarte de *la* à *RE'*, la tierce mineure de *ré* à *fa*, & la fixte majeure de *fa* à *RE'*, ont des altérations de la différence du ton majeur au ton mineur. La quarte fur *fa* & la quinte fur *fi*, font des intervalles extrêmement mauvais ; à ces défauts près, fur toutes les notes du fyftême on trouve des intervalles auffi parfaits que ceux qui ont été placés fur *ut*.

En fuppofant le ton mineur de *ut* à *ré*, & le ton majeur de *ré* à *mi*, on auroit eu la quarte de *ré* à *fol*, & la quinte de *fol* à *RE'*, toutes les deux fauffes; comme auffi la fixte majeure de *ré* à *fi*, & la tierce mineure de *fi* à *RE'*, diminuées de la différence du ton majeur au ton mineur ; dans cette feconde fuppofition, l'on a encore l'intervalle de triton fur *fa*, & de fauffe quinte fur *fi*.

Quelle que foit la fituation du premier ton majeur & du premier ton mineur, on a toûjours quatre intervalles altérés de la différence du ton majeur au ton mineur: le triton & la fauffe quinte font inévitables, & fe trouvent dans tout fyftème d'harmonie, car la note *fa* doit être la quarte de *ut*, & la note *fi* la quinte de *mi* : or cela ne fauroit être s'il n'y a le triton de *fa* à *fi*, & la fauffe quinte de *fi* à *fa* ; qu'on combine de toutes les façons imaginables, toûjours on trouvera un triton & une fauffe quinte.

Sur le fondamental *ut*, il doit y avoir néceffairement une tierce majeure *mi*, & une quarte *fa* ; fur la note *mi* doit fe trouver le premier des accords, ou celui de quinte qui détermine *fi* : que fi on demandoit un fyftème dans lequel le triton ne fe trouvât pas, il ne faudroit pas alors de quinte fur *mi* ; car toute note qui fait la quinte de *mi* ne peut faire la quarte de *fa*, comme auffi celle qui fera la quarte de *fa* ne fera point la quinte de *mi* : de *mi* à *fa* il n'y a qu'un demi-ton, & de la quarte à la quinte il y a un ton.

Pour conferver, autant qu'il eft poffible, le plus grand nombre d'intervalles dans leur juftefle, il faut admettre le triton ; que fi on vouloit répandre l'altération du triton fur tous les intervalles, le fyftème deviendroit extrêmement mauvais, parce que du triton à un bon intervalle il y a une trop grande diftance, pour qu'elle puiffe être diftribuée fans une erreur très-difcordante fur les autres intervalles. Ce qui eft dit du triton s'applique également à la fauffe quinte, qui en eft le complément. Il y auroit encore plufieurs autres

inconvéniens à vouloir éviter le triton & la fauſſe quinte,
qui ont pourtant leur agrément lorſqu'ils ſont placés à propos.

Ayant reconnu la néceſſité du triton & de la fauſſe quinte,
& ne regardant plus ces intervalles comme des défauts qui
auroient pû faire rejeter le ſyſtème, achevons cette première
ſection, en rendant raiſon de la quarte, de la quinte, de
la tierce mineure & de la ſixte majeure, altérées de la différence du ton majeur au ton mineur : ces altérations ſont
une ſuite néceſſaire des rapports qui conſtituent les bons intervalles, & il n'eſt d'autre moyen de les éviter que de les
répandre ſur la totalité des accords ; c'eſt ce qu'on appelle
un *tempérament*, dont nous traiterons dans la ſeconde ſection.

Déjà nous ſavons démonſtrativement que deux voix ou
deux inſtrumens, pour chanter enſemble avec juſteſſe, doivent ſuivre le ſyſtème diatonique des modernes ; dans la ſuite
de l'accompagnement, on pourra placer ſur tous les ſons tous
les accords, par le ſyſtème fournira à cette ſavante variété.
Chaque voix ira de l'un à l'autre des ſons, parcourra le ſyſtème
auſſi irrégulièrement qu'il le faudra, & tous les chants s'ac-
corderont dans une unité d'harmonie : il faut excepter les
ſix intervalles que nous avons vû être altérés ou faux.

Pour n'avoir pas à éviter ces intervalles diſcordans, ou
plûtôt pour ne point limiter le génie du compoſiteur, il faut
maintenant chercher le tempérament qui doit faire diſparoître
les faux intervalles, & rendre tous les accords de même nom
égaux : juſqu'ici on n'avoit eu que le tempérament qu'on
avoit ſuppoſé. Cette partie de la théorie étoit à peine ébau-
chée ; mais la méthode nouvelle que je vais donner me paroît rigoureuſe & démonſtrative : par les principes eſſen-
tiels de l'harmonie, elle déterminera le meilleur des tempéramens.

S E C T I O N   II.

Du meilleur tempérament, du meilleur ſyſtème de Mu-
ſique harmonique.

Les tons majeurs & mineurs ſont les petites meſures qui

ont été trouvées pour divifer la gamme ; de plus, les intervalles font altérés, parce que le ton mineur s'eft trouvé où il falloit le ton majeur, & le ton majeur où il falloit le ton mineur. C'eft donc de la différence du ton majeur au ton mineur que naiffent les inconvéniens du diatonique jufte ; ainfi, dans tous les fyftèmes où le ton majeur fera fenfiblement différent du ton mineur, les intervalles de même nom auront des variations fenfibles ; les uns feront juftes, les autres altérés par excès ou par défaut de cette différence du ton majeur au ton mineur.

Pour faire difparoître la variation des intervalles, il ne faudra mettre qu'une très-légère différence entre le ton majeur & le ton mineur, ou prendre un ton moyen qui repréfente & le ton majeur & le ton mineur : mais fi le ton majeur n'étoit pas fenfiblement différent du ton mineur, l'oreille ne fauroit les diftinguer, encore moins les voix s'y conformer ; donc, pour tempérer le fyftème, il faut abandonner toute diftinction de ton majeur & de ton mineur, il faut prendre un ton moyen.

Laiffant toute diftinction de ton majeur & de ton mineur, & ne prenant qu'un ton moyen, tous les intervalles de même nom, pris fur quelque note que ce foit, feront égaux (nous exceptons toûjours le triton & la fauffe quinte) : aucune quinte, aucune quarte, aucune tierce, aucune fixte, ne fera différente des autres ; car ces intervalles ne varioient que par la différence du ton majeur au ton mineur, & cette différence n'eft plus.

Le mélange des accords exacts avec ceux qui ne le font point, eft defagréable dans l'harmonie, la juftefle des uns faifant toûjours fentir la fauffeté des autres ; admettant le ton moyen, tous les intervalles feront égaux, & il n'y aura pas de comparaifon defagréable à faire d'un accord jufte à celui qui ne l'eft point : ainfi tout nous dit que pour tempérer le fyftème, il faut chercher le ton moyen le plus capable de repréfenter en même temps & le ton majeur & le ton mineur.

Qu'on ne croie point que ce ton moyen puisse jamais donner des intervalles aussi parfaits que ceux qui n'étoient point altérés dans le diatonique juste : pour trouver la plus grande justesse dans les intervalles, il faut admettre la distinction du ton majeur au ton mineur, comme nous l'avons vû dans la construction du système. Aussi un Musicien qui, dans la composition d'un accompagnement, éviteroit les quatre intervalles altérés, ne devroit pas avoir recours à un tempérament : le système diatonique juste fourniroit dans la dernière exactitude les sons nécessaires à cet accompagnement ; mais outre qu'on ne veut pas être gêné dans l'emploi des accords, il y a d'autres raisons pour tempérer le système.

Le ton moyen qu'il faut trouver ne sera pas le ton majeur, car les tierces majeures, qui sont toutes exactes dans le diatonique juste, sont composées d'un ton majeur & d'un ton mineur ; & le ton majeur, pris pour ton moyen, donneroit les tierces majeures composées de deux tons majeurs : la fausseté, qui n'étoit que dans une tierce, se trouveroit dans toutes celles du système ; & tandis qu'il faut chercher à distribuer également l'altération des quatre intervalles *ré*, *la* ; *la*, *ré* ; *ré*, *fa* ; *fa*, *ré*, on répandroit par-tout cette même altération.

Le ton majeur est trop grand pour être pris pour ton moyen ; le ton mineur est trop petit, car il donneroit aux tierces majeures la même altération par défaut que le ton majeur leur donnoit par excès : ainsi le ton moyen, qui doit rendre tous les intervalles de même nom égaux, devra être plus petit que le ton majeur, & plus grand que le ton mineur.

S'il y a une quinte juste d'*ut* à *sol*, il ne sauroit y avoir de quarte juste d'*ut* à *fa*, s'il n'y a un ton majeur de *fa* à *sol* : or, dans le système tempéré, il ne peut y avoir de ton majeur ; ainsi de *fa* à *sol* il y aura un ton moyen plus petit que le ton majeur. De plus, dans un système tempéré tous les intervalles de même nom étant égaux, il ne se peut

que les plus parfaites des confonnances, la quinte & la
quarte, y foient toutes les deux dans leur juftefie diatonique.

Tous les intervalles ont leurs *complémens*, à qui ils fervent
eux-mêmes de complément : car on appelle *complément* en
fait d'intervalle, celui qui manque à ce même intervalle pour
achever l'octave. La quinte & la quarte font l'octave, ainfi
la quarte eft complément de la quinte, comme la quinte eft
complément de la quarte ; femblablement la tierce eft complément de la fixte, comme la fixte l'eft de la tierce.

Un tempérament, comme auffi un fyftème, n'eft qu'une
divifion de l'octave qu'il faut trouver ; ainfi l'octave eft toûjours dans fa juftefie. Le ton moyen rend tous les intervalles de même nom égaux, c'eft-à-dire, également juftes
ou également altérés ; donc tous les intervalles d'octave, pris
dans le fyftème tempéré, feront juftes : cet intervalle feroit
même infupportable, s'il n'étoit dans fa précifion.

L'octave étant dans fa juftefie, & un intervalle avec fon
complément devant achever l'octave, dans tout le fyftème tempéré les complémens auront les mêmes altérations
que les intervalles fondamentaux, favoir, par excès lorfque
les fondamentaux feront altérés par défaut, ou par défaut
quand les fondamentaux feront altérés par excès, & il fuffira
de trouver l'altération d'un intervalle, quelque part qu'il foit
pris, dans la gamme tempérée, pour avoir en même temps
l'altération de tous les intervalles femblables, & de tous leurs
complémens.

Après avoir dit que dans un fyftème tempéré il n'étoit
pas poffible de laiffer & les quintes & les quartes juftes,
on auroit pû peut-être penfer qu'il fuffifoit d'altérer l'un de
ces intervalles laiffant l'autre dans fa juftefie ; mais ces deux
intervalles font complément l'un à l'autre, ils devront donc
tous les deux être altérés, & également, c'eft-à-dire, l'un
par excès & l'autre par défaut.

Ce fera la quinte ou la quarte qu'on altérera par excès :
or fi la quinte eft altérée par excès, la quarte le fera par
défaut,

défaut ; mais lorfque la quinte & la quarte étoient juftes,
leur différence donnoit le ton majeur : ainfi la diftance de la
quarte altérée par défaut, à la quinte altérée par excès, fera
plus grande que le ton majeur ; & puifque le ton moyen
doit être plus petit que le ton majeur, la quinte ne fauroit
être altérée par excès, mais bien par défaut, & la quarte par
excès.

La tierce majeure plus la tierce mineure, forment la
quinte jufte. Dans le fyftème tempéré, la quinte doit y
être altérée par défaut ; donc les intervalles de tierce majeure
& de tierce mineure n'y fauroient être tous les deux juftes,
ni toutes les deux altérées par excès. Voilà ce que ces intervalles ne fauroient être ; & pour achever toutes les fuppofi-
tions poffibles, il n'y a qu'à les confidérer, ou tous les deux
altérés par défaut, ou l'un altéré par excès & l'autre par défaut, ou enfin l'un jufte, & l'autre altéré par défaut : que fi
les deux intervalles font altérés par défaut, l'altération de la
quinte fera la fomme de l'altération de la tierce majeure &
de la tierce mineure ; de-là, la quinte, qui eft la première
des confonnances, auroit une plus grande altération que les
tierces. Cette conféquence ne fauroit fe trouver dans le
meilleur tempérament du fyftème ; il ne refte que les deux
autres combinaifons qui puiffent y entrer, c'eft-à-dire que
dans le meilleur fyftème tempéré de mufique, des deux
tierces l'une doit y être jufte, & l'autre altérée par défaut,
ou l'une altérée par excès & l'autre par défaut.

Avançons toûjours : les confidérations que nous allons
faire vont refferrer de plus en plus les limites des tierces
qui peuvent entrer dans les bons fyftèmes tempérés de mufique : cette méthode de comprendre d'abord toutes les
combinaifons poffibles, de rejeter enfuite l'une après l'autre
celles qui font mauvaifes, nous fera enfin trouver des vérités
rigoureufement démontrées.

De ce qui a été dit jufqu'ici, on doit conclurre que la
différence de la quarte altérée par excès à la quinte altérée par
défaut, fera toûjours le ton moyen ; que deux tons moyens

compofent la tierce majeure, qui dans le diatonique jufte
eft égale à deux tons majeurs moins un comma; que la différence de la tierce majeure altérée à la quinte diminuée, fera
toûjours la mefure de la tierce mineure du fyftème tempéré;
de plus, le ton moyen fera toûjours le ton majeur diminué
du double de l'altération de la quinte, puifque la quarte eft
autant augmentée que la quinte eft diminuée: ainfi la tierce
majeure, compofée de deux tons moyens, aura pour mefure
deux tons majeurs moins le quadruple de la diminution de
la quinte; la tierce mineure, complément de la tierce majeure à la quinte, fera égale à celle du diatonique jufte, altérée
de la fomme ou de la différence des altérations de la tierce
majeure & de la quinte, favoir, de la fomme lorfque la
tierce majeure fera altérée par excès, & de la différence lorf-
qu'elle fera altérée par défaut.

Suppofons maintenant que la quinte foit diminuée d'un
tiers de comma, la quarte aura la même altération par excès:
la différence de la quinte à la quarte, qui eft le ton moyen,
fera dans cette fuppofition le ton majeur moins deux tiers
de comma; la tierce majeure, égale à deux tons moyens, ou,
ce qui eft la même chofe, à deux tons majeurs moins le quadruple de la diminution de la quinte, fera compofée de deux
tons majeurs moins un comma & un tiers, où plûtôt fera
celle du diatonique jufte, diminuée d'un tiers de comma; &
puifque cette altération eft celle de la quinte, la différence
des deux altérations fera nulle, ainfi la tierce mineure fera
jufte.

Une plus grande altération à la quinte donneroit une
moindre diftance de la quarte à la quinte, c'eft-à-dire, un
ton moyen moindre, conféquemment elle donneroit à la
tierce majeure une plus grande altération qu'elle n'en avoit
dans la fuppofition précédente: cette altération de la tierce
majeure augmenteroit fur celle de la première fuppofition
du quadruple de l'augmentation de l'altération de la quinte.
La tierce mineure fe trouvera altérée par excès du triple de
cette même augmentation de l'altération de la quinte, car

la tierce majeure, plus la tierce mineure altérée, doivent égaler la quinte altérée; & toutes les fois que la tierce majeure sera plus altérée que la quinte, la mineure sera altérée dans un sens contraire, c'est-à-dire, par défaut si la majeure l'est par excès, ou par excès si la majeure l'est par défaut: ainsi la tierce majeure diminuée, & la mineure augmentée, supposent à la quinte une altération de plus d'un tiers de comma.

La quinte ayant une altération moindre qu'un tiers de comma, donnera le ton moyen plus grand, & la tierce majeure avec une diminution d'altération quatre fois moindre que celle de la quinte; donc, dans cette nouvelle supposition, la tierce mineure sera altérée par défaut. Les deux tierces seront altérées par défaut avec cette circonstance, que diminuant de plus en plus l'altération de la quinte, celle de la tierce majeure ira en diminuant, & celle de la mineure en augmentant; de sorte que l'altération de la quinte diminuant jusqu'à n'être plus qu'un quart de comma, on aura le ton moyen diminué d'un demi-comma du ton majeur, ou augmenté de la même quantité du ton mineur. La tierce majeure sera égale à deux tons majeurs moins quatre quarts de comma, ou plûtôt sera celle du diatonique juste : la tierce mineure aura la même diminution que la quinte.

Que l'altération de la quinte diminue au dessous d'un quart de comma, le ton moyen se sera approché du ton majeur, la tierce majeure sera altérée par excès, la mineure par défaut. De ces suppositions on conclud que si la tierce majeure est altérée par excès, & la mineure par défaut, la quinte sera altérée de moins d'un quart de comma; tandis que si on altère la tierce majeure par défaut, & la mineure par excès, la quinte sera altérée de plus d'un tiers de comma. Les altérations de la quinte entre un tiers & un quart de comma, donneroient les deux tierces altérées par défaut; ainsi, pour savoir quelles altérations peuvent porter les tierces dans les bons systèmes, il faut opter entre les altérations de la quinte: or nous savons déjà que les deux tierces ne sauroient être altérées par défaut, dont toutes les altérations de la quinte entre un quart & un tiers de comma ne peuvent être reçûes ; ainsi il ne reste qu'à choisir entre une altération pour la quinte d'un tiers de comma, ou plus grande, & celle d'un quart de comma, ou plus petite : sans difficulté il faut se déterminer pour cette dernière, & conclurre que de deux tierces la majeure ne sauroit être altérée par défaut, ni la mineure être juste ni altérée par excès. De toutes les combinaisons que nous avions embrassées, il ne reste que celle de la tierce majeure juste ou altérée par excès, & la tierce mineure toûjours altérée par défaut, qui puisse entrer dans un bon système tempéré : par une seconde conséquence, on trouve que l'altération de la quinte doit être au plus d'un quart de comma, car cette altération ne sauroit augmenter infiniment peu, la moindre augmentation qu'on pourroit lui donner seroit au dessus d'un tiers de comma, & l'éloigneroit trop de la justesse dont il faut toûjours tâcher de se rapprocher.

Une plus grande altération à la quinte qu'un quart de comma, ne doit point entrer dans un bon système ; une altération moindre qu'un quart de comma rendroit cet intervalle de quinte meilleur en lui-même, mais tireroit la tierce majeure de sa justesse, & augmenteroit l'altération par défaut de la tierce mineure : ainsi une altération à la quinte d'un quart de comma, laisse une tierce juste, & l'autre altérée de la même quantité qu'elle l'est elle-même ; une altération moindre rend de plus en plus les deux tierces mauvaises. C'est donc la diminution à la quinte d'un quart de comma qui donne les altérations les plus égales des possibles : que si les intervalles de tierce étoient au même degré de consonnance que celui de quinte, l'altération à la quinte d'un quart de comma donneroit le meilleur système tempéré.

Mais puisque la quinte est une consonnance plus parfaite que les tierces, on n'a point encore le tempérament le plus juste : car dans ce meilleur tempérament que nous cherchons, les consonnances les plus parfaites doivent être les moins altérées ; ainsi, dans le meilleur système tempéré, la quinte doit être altérée de moins d'un quart de comma, la tierce majeure altérée par excès, & la mineure par défaut; toutes ces propriétés vont enfemble.

Que la quinte foit altérée d'un fixième de comma, le ton moyen fera le ton majeur moins un tiers de comma, la tierce majeure fera celle du diatonique jufte plus un tiers de comma, & la tierce mineure fera celle du diatonique jufte, diminuée d'un demi-comma; dans cette fuppofition, la tierce majeure feroit deux fois & la tierce mineure trois fois plus altérées que la quinte. Si c'étoit-là le rapport des perfections de ces intervalles, nous ferions parvenus jufqu'au meilleur fyftème tempéré; mais vrai-femblablement ce rapport ne doit pas être fi grand; & puifque, pour rapprocher le rapport des altérations de l'égalité, il faut augmenter celle de la quinte, il faut conclurre que la quinte ne fauroit être altérée de moins d'un fixième de comma, & les bons fyftèmes tempérés de mufique ont l'altération des quintes entre un fixième & un tiers de comma.

Encore une autre fuppofition : que la quinte foit altérée d'un cinquième de comma, la tierce majeure fera augmentée de la même quantité, & la tierce mineure diminuée du double de cette altération: par l'ordre qu'obfervent les proportions, on voit que toutes les fois que la tierce majeure, comme confonnance moins parfaite que la quinte, fera plus altérée que cette même quinte, la tierce mineure aura plus du double de l'altération de la quinte. Le rapport de perfection de l'intervalle de quinte à celui de tierce mineure, eft moindre que celui d'un à deux; d'où il eft évident qu'il n'eft pas poffible de donner à la tierce majeure une altération proportionnelle à fon degré de perfection, fans en donner une à la tierce mineure plus grande que ne le demanderoit cet intervalle : ainfi on ne peut trouver un fyftème tempéré dans lequel les altérations des confonnances foient toutes dans le rapport de leur degré de perfection; de plus, comme les confonnances ne peuvent fupporter de grandes altérations, & que celle de la tierce

R iij

mineure égale à un demi-comma eſt trop grande, il faut conclurre que la quinte ne peut être diminuée de moins d'un cinquième de comma, ni de plus d'un quart de comma, c'eſt-à-dire, que la diminution de la quinte doit être entre quatre vingtièmes & cinq vingtièmes de comma.

Le terme moyen entre ces deux dernières limites eſt neuf quarantièmes : ſuppoſons cette altération à la quinte, la tierce majeure ſera augmentée de quatre quarantièmes, & la mineure diminuée de treize quarantièmes. Dans cette ſuppoſition, la tierce majeure n'a pas une grande altération, & la mineure n'en a guère plus que la quinte ; ainſi on peut conſerver plus de juſteſſe à ce dernier intervalle. Le meilleur ſyſtème tempéré doit donc ſe trouver dans les altérations de la quinte entre huit & neuf quarantièmes de comma.

Prenons enfin un dernier terme moyen entre huit & neuf quarantièmes, ce terme eſt dix-ſept quatre-vingtièmes : cette altération ſuppoſée à la quinte, donne la tierce majeure altérée de ſeize, & la mineure de quarante-trois quatre-vingtièmes. L'altération de la tierce majeure eſt aſſez bien, mais celle de la mineure eſt un peu trop forte ; ainſi la quinte n'eſt pas aſſez altérée, & ſes diminutions pour former les bons ſyſtèmes tempéréſont entre dix-ſept & dix-huit quatre-vingtièmes de comma.

Si on ſavoit au juſte le rapport des perfections des conſonnances, on en chercheroit le plus approchant dans leurs altérations, & ce ſeroit-là le meilleur de tous les ſyſtèmes tempérés : mais quoique j'aie donné le principe méchanique de l'harmonie, il reſte encore à aſſigner ce degré de perfection qui décidera le meilleur tempérament de tous les poſſibles, ce tempérament ſera celui dont le rapport des altérations ſera le plus approchant de celui de la perfection des intervalles ; car je l'ai déjà démontré, il n'eſt aucun tempérament qui puiſſe donner au juſte les altérations que demanderoit le rapport des perfections des conſonnances.

Pour continuer ces recherches, il faudroit maintenant déterminer ce rapport de perfection des intervalles conſonnans,

il faudroit revenir au principe de l'harmonie; c'eſt ce que je
réſerve pour un ſecond Mémoire, où je pourrai comparer
toutes les formations poſſibles à celle que j'ai donnée; je ter-
minerai celui-ci par ce qui avoit été dit par les différens Au-
teurs ſur le tempérament, par où l'on ſe convaincra du peu de
connoiſſances qu'on avoit en cette matière. Ayant imaginé
un tempérament quelconque, on en détailloit les avantages
ſur le diatonique juſte, ou ſur quelqu'autre tempérament, &
cela ſuffiſoit pour le faire décider le plus parfait.

Cette mauvaiſe méthode ne pouvoit jamais achever la
théorie; car après que par des gradations ſucceſſives on
auroit ſuppoſé une infinité de tempéramens toûjours croiſ-
ſans en perfection, n'auroit-on pas pû objecter qu'il y avoit
encore une autre infinité de tempéramens plus parfaits que
celui qui auroit pû être conclu par un examen preſque infini?

Cependant voici comme on formoit les ſyſtèmes tempérés : le premier rapport, diſoit-on, qu'il puiſſe y avoir
entre le ton moyen & le ſemi-ton, eſt celui de 2 à 1, c'eſt-à-
dire le ton moyen double du ſemi-ton; & comme l'octave
contient cinq tons moyens & deux ſemi-tons, le ſyſtème
étoit compoſé de douze parties : c'eſt le plus ancien de tous
les tempéramens, qu'on a appelé de douze ſemi-tons moyens,
ou de l'*Arétin*. *Mémoires de
l'Académ. Roy.
des Scienc. an.
1707 des Syſ-
tèmes de Mu-
ſique, par M.
Sauveur.*

Le ton moyen étant au ſemi-ton comme 3 à 2, on formoit le ſyſtème de 19.

Le ton moyen étant au ſemi-ton comme 5 à 3, on formoit
le ſyſtème de 31, qu'on appeloit encore celui de M. *Huygens*.

Le ton moyen étant au ſemi-ton comme 7 à 4, on
formoit le ſyſtème de 43, qui eſt celui de M. *Sauveur*.

Semblablement du rapport 9 à 5, on formoit le ſyſtème
de 55, qu'on appeloit celui des *Muſiciens* : les nombres
qui pouvoient former d'autres ſyſtèmes étoient trop grands,
& on s'arrêtoit à ce dernier. En calculant les altérations des
intervalles de ces ſyſtèmes, on trouve que celui de 43 eſt
le plus approchant des limites que nous avons aſſignées aux
altérations de la quinte, & que le ſyſtème vrai le plus parfait eſt entre celui de 31 & celui de 43.

Les syftèmes dont je viens de parler font exprimés par de petits nombres entiers; & M. Sauveur a cru qu'ils devoient être tels pour être mis en pratique; comme fi, pour réalifer un fyftème, il ne falloit pas toûjours avoir recours aux logarithmes auffi aifés à tranfporter fur le monocorde, foit que les nombres qu'ils expriment foient entiers ou rompus, foit qu'ils foient grands ou petits.

Une diminution à la quinte d'un quart de comma ne l'altère pas affez pour la rendre fort defagréable: diminuant donc par fentiment les quintes autant qu'il eft poffible, on leur donnera une diminution qui ira prefque à un quart de comma. Mais la diminution des quintes ne devoit être au deffous d'un quart de comma que parce qu'il falloit conferver à la quinte tout autant de jufteffe qu'on le pouvoit; & puifqu'elle peut donner la fauffeté affignée fans être défagréable, cette altération fournira un tempérament & des accompagnemens praticables.

Toutes les octaves doivent être juftes; de plus, toutes les quintes doivent être diminuées autant qu'il eft poffible: avec ces principes, on peut accorder toutes les touches d'un claveffin, & voici comment.

Ayant pris *ut* pour fondamental, l'on en prendra la quinte diminuée, & l'on aura *fol* du fyftème tempéré: la quinte diminuée de *fol* donnera le *ré*; & dans la feconde octave, qu'on defcendra au *ré* de la première octave, la quinte diminuée de ce *ré* donnera le *la* du fyftème tempéré; la quinte diminuée du *la* donnera le *mi*, pris dans la feconde octave, qu'on defcendra à la première. Déjà on a l'*ut*, le *ré*, le *mi*, le *fol*, le *la*, & l'*UT* accordés: la quinte diminuée de *mi* donnera le *fi*, & la quinte diminuée en deffous de l'*UT* donnera le *fa*. Voilà une méthode d'accord dont on pourra faire ufage, en attendant la détermination exacte du plus parfait des tempéramens que doit donner notre théorie.

MÉMOIRE

www.ingramcontent.com/pod-product-compliance
Ingram Content Group UK Ltd.
Pitfield, Milton Keynes, MK11 3LW, UK
UKHW022346170726
13837UKWH00005BA/2446